MEMÓRIA TEM ÁGUAS ESPESSAS

MEMÓRIA TEM ÁGUAS ESPESSAS

LUNA VITROLIRA

Copyright © Luna Vitrolira, 2024

Editores
María Elena Morán
Flávio Ilha
Jeferson Tenório
João Nunes Junior

Capa: Vitória Vatroi
Revisão: Caroline Joanello
Projeto e editoração eletrônica: Studio I

Dados Internacionais de Catalogação na Publicação (CIP) de acordo com ISBD

V847m Vitrolira, Luna
Memória tem águas espessas/ Luna Vitrolira. - Porto Alegre : Diadorim Editora, 2024.
120 p. ; 14cm x 21cm.
ISBN: 978-65-85136-18-1
1. Literatura brasileira. 2. Poesia. I. Título.

CDD 869.1

Elaborado por Odilio Hilário Moreira Junior - CRB-8/9949
Índice para catálogo sistemático:
1. Literatura brasileira : Poesia 869.1
2. Literatura brasileira : Poesia 821.134.3(81)-1

Todos os direitos desta edição reservados à

Diadorim Editora
Rua Antônio Sereno Moretto, 55/1201 B
90870-012 - Porto Alegre - RS

À minha mãe, Vick Vitória, oráculo de
minha vida; à minha irmã, Vitória Vatroi,
aos meus parentes da Zona da Mata, ao
Maracatu de minha família, Pavão Dourado,
e a Amaro Freitas, pelos sonhos que
realizamos juntos.

Contaram-me que meus avós
vieram de Loanda
como mercadoria de baixo preço
plantaram cana pro senhor de engenho novo
e fundaram o primeiro Maracatu
Solano Trindade

Como quem se vê pela janela,
me resgato
Geni Guimarães

Para lá daquela curva
os espíritos ancestrais me esperam.
Noémia de Sousa

Canto porque tenho dom
Faço por saber fazer
Canto porque tenho dom
Faço por saber fazer
Canto por saber cantar
Digo por saber dizer
Só não sei quando que paro
Talvez só quando morrer
Mestre Anderson Miguel

as mãos dizem
do corte da cana

carregam entulhos
cinco litros d'água
            para sustentar a fome

nas depressões inundadas
os passos afundam
como se afundasse
um navio negreiro

com ele
muitas vidas viraram
obras de museu:

um homem sem rosto
um rosto sem nome
um nome sem gente

e a terra incinerada

minha família veio num desses
que não afundaram
com a tempestade

dispersa
nossa história se enterrou

difícil encontrar os ossos
e as pedras que dirão de nós

memória tem águas espessas

herdeira de boia-fria
nasci com as mãos ásperas e o destino solto
era o que se dizia de gente assim

seja o que deus quiser

não contava
importante considerar
deus poderia não querer nada
o jeito   cavar meu caminho

o chão morre de sede
não receia o que come
mas o quanto jejua

a emergência do broto
a dormência das sementes
o que virou adubo

ensinam paciência

paciênciapaciência
paciênciapaciência

nem tudo   é pra hoje

sei pelas terras do passado
guardadas
debaixo das unhas

não tem banho demorado que tire
é de família

as vidas se repetem
repetemrepetemrepetem

---

uma pessoa se multiplica
dentro da vida da outra

vai nascendo para frente
como se fosse parte
de um mesmo e único espírito
      só que mudando de nome

      os mesmos vícios
      as mesmas quedas
      o mesmo erro

      as mesmas sinas
      os mesmos karmas
      a mesma trilha

          de mãe para filho
          de pai para filha

o ciclo quando não se rompe

represa
      repele
          reprisa

dizem

a gente tem hora de morrer
e se encontrar de novo

obatalá
ajalá
ori odu

com os pés enraizados na terra
suporto na pele de onde vim
por isso voltei

não temo insistir pisar no mesmo lugar
não temo

refazer
       redizer
             recomeçar

andar para trás é um jeito de chegar mais longe

a estrada nunca pareceu
irresoluta
apertada
quente
de arder
     nas costas

o real nunca pareceu
inerte
morredouro
caduco
de dar cãibra
     na língua

o passado
fio que se rompe e se remenda
alinhava retalhos
de órgãos vitais
acidentados de sanidade

rede
parabólica ou de pesca
recolhe do umbigo
o laço que s o

bra

meu rito de passagem
minha fé

na revolta

há séculos moramos na raiva
pelos que atravessaram
tantos caminhos
        de água e cana

há séculos morremos vendo
o corpo escanzelado
de nossa genealogia

cantando um grito seco
no porão das embarcações

há séculos nascemos
qual bicho de carga
arrancados

de um ventre marcado à ferro
de uma vagina cortada a faca

há séculos levamos flores à sepultura
da gente branca

desejando vestir sua pele
lustrar suas máscaras

seus contos de violação dessangram

o pai-nosso e as velas
o pai-nosso e as velas
o pai-nosso e as velas

há séculos

corpos negros
são lançados à vala
asseados com sangue
     sem folha sobre suas cabeças

     é carne sem alma
     é carne sem
     é carne

não entrarão jamais no Ebolo
reencarnarão   sempre
em filhos da mesma mãe

     miséria

em inundações devastadoras
ou secas severas

aprendi com as plantas
o povo renasce da memória

não há mais lamento
nem obediência

o relógio circadiano cura o tempo
cultiva as respostas de cada hora
germina o escuro

e a voz que vaga
pede   para se libertar

eu sou o sonho da minha mãe
minha mãe é o sonho da minha vó
minha vó pode ter sido o sonho da minha bisavó
minha bisa pode ter sido o sonho da minha trisa
minha trisa pode ter sido o sonho da minha tatara
minha tatara é um sonho que

    não sei
    como tudo que veio antes

nos desintegramos
como se desintegram as rochas
a litosfera terrestre
a matéria
as células
           e as comunidades gentílicas

nos desintegramos
como se desintegram os plásticos
          a linha de pesca
as utopias presas no cadáver
aspectos vitais
e os mandamentos de Deus

nos desintegramos como o amor
que não é digerido por bactérias
não se deforma sob calor ou luz solar
não reage com substâncias do solo
          nem do mar ou do ar

o cuidado
a paciência e
          tudo que é feito de vidro
se degrada ao passar por impactos sucessivos

quebra aos poucos
quebra aos poucos
quebra

pela ação erosiva
em nossa linhagem

povoada

na caverna dos olhos
sinto suas presenças

quando me escorrem
as tempestades de oyá

inundam o subterrâneo
espantam os eguns
sopram meus ouvidos

vai, filha, segue teu caminho
te demos o nosso sangue
dentro de ti estamos vivas

não morra lutando como nós

lutar nunca foi uma escolha
também me tornaram

negra

ecoou dos porões do navio
estão a dar com pau

por onde quer que eu passe
o mundo me parece meio esclarecido

mercado	negro
magia	negra
buraco	negro
ovelha	negra
caderno	negro
peste	negra

mas que negro bonito
da cor do pecado
de traços finos

alguém diz de peito cheio
como se fosse elogio

me respeita que eu não sou tuas nega
seu nego safado

se à vista não parece claro
decerto foi denegrido

como pente
dente fino que não passa
na carapinha
no mafuá
na piaçava

quando a coisa fica preta
arma branca não mata
cuidado com a lista negra

cuidado com a lista negra
inveja branca é liberada

se a galinha for preta
tem macumbeira na área

mas a pomba
a pomba branca é exaltada

eu é que sou a mulata
filha de meia tigela
sem eira nem beira
nasci com os pés na cozinha
e o samba do crioulo doido
nas pernas

é longa a estrada

sol sem sombra de bater biela
moleira quente para chapéu de palha
névoa seca assanhando o caminho
até morder a boca da zona da mata

na régua do tempo
o chão rema e refia

repara
a terra vai desfiando   em poeira

galopando no vento
navalha
capaz de rasgar os olhos
        de quem vem

        vira nuvem
        vira vento
        vira tempestade
                de areia
        alumbramento

o futuro ficou

nos dentes da mata
velhos arames em novas estacas

pedaços enferrujados
de nomes
      cortam
      fundo
      o raio
      da alma

a nobreza da terra dissimula cercas
batiza a lama que
      escoa
      seca
      enrijece
      racha

retorna-se lama
revive seu giro

as coisas têm sobrenome
em papel
certificado

a mente do barro contra
as normas e suas bengalas

eu passo
os casebres passam
árvores
barracas
gerações
feed

a boiada passa
tudo é pasto
gramíneas

mentira

eis a melhor aparência da lei
preparando-se para moagem

bagaço

MEMÓRIA TEM ÁGUAS ESPESSAS

os grãos
que se confundem com a terra
são colocados
em formas de barro
lavados com água
para extrair as impurezas e

clarear

retirados da forma
secados ao sol
e então separados

cor e tipo

antes de serem enviados
para a casa de ensacar

farsas em grãos
franzinos de açúcar
brancos

não adoçam a lida

apodrecem na terra
apodrecem a terra
apodrecem pela terra
e não adoçam

para se tornar cristalino
é preciso perder algumas
de suas propriedades
e assumir outras

o mascavo não se refina

a glória dos meus
não foi riscada no barro
de tara-quicunhaê
nossas iniciais
não estão talhadas
nas ruínas
de tapirurama
não há menção sobre nós
nas paredes caídas
do engenho cancela
nem lembrança de nossos nomes
pelas rochas que serviram de escora
     para o sonho dos homens
     petribu apuá tauá caraú
cotunguba não sabe mais da gente

não foram inscritas
imagens de nossas guianças
na serra de trapuá
nem ficaram gravados em suas grades
     o catimbó dos encantados
     a rebeldia de minha mãe
     as macumbas de minha vó
     tampouco os cantos de trabalho
     nas linhas dos panos
     que vendia meu avô

nem sinais
nem pegadas
nenhuma alusão

à coragem de permanecermos
     vivos

só água espessa e rubra
lava os alicerces do chão   até hoje

ainda coberto pela fuligem
cansada de esconder
os fossos da história

não há
nada

só lama e sobrenome
só lama lonely
     solama

     rodovia áspera

Eu não sou a história do outro

trago nas mãos
o que tenho

turbante e maraca
o apito do mestre
galho de arruda
alfavaca
o cravo do caboclo e a lança
o cachimbo da Jurema Sagrada
pequena caixa de ferro
rostos sem nome   avulsos
      já querendo desaparecer
      nas fotografias
           o siso
botões que esperavam por utilidade
biliros   muitos
de coroar trança ao redor da cabeça

      um brinco de pérola
          sem par

tudo parece vivo e próximo
como se um botão desses
tivesse caído
de minha camisa

guardá-los era promessa
devolvê-los
      aos seus lugares

os botões caminham
em busca dos fios que ficaram
      pendurados
      soltos

o que não se abotoa
permanece aberto

são
       fendas
       lacunas
       janelas
       brechas
       fissuras
       buracos
       reminiscências

           um rasgo começa pequeno

às margens do riacho do Ipiranga
um corpo boiando

negro

morto
pelas mãos da pátria

um pai que
pune
espanca
ameaça

confina

deixa sentir fome
arranca o chão

quando não abandona   exila
ou simplesmente

mata

memória
des   armazenada
des   abitada
des   povoada
des   apropriada

ininhada aos inutensílios

des   acessórios
des   importâncias
des   piciendas

a des   lembrança e seu des serviço
a des   lembrança e seu des serviço
a des   lembrança e seu des serviço

memória
nos retoma

mapa desenhado com sangue
das línguas   cortadas
impresso no centro
em nossa cabeça
des   orientada

perdemos nosso nome
idioma-território-palavra

a des   lembrança e seu des serviço
a des   lembrança e seu des serviço
a des   lembrança e seu des serviço

des   associação

a lagartixa ao se sentir ameaçada
solta o rabo que se contorce
para distrair o inimigo

      estratégia
      defesa
      fuga

mutilação espontânea exige
~~força~~

      articulações /
            vértebras
tecidos / vasos
          / músculos
   / nervos

se rompem
e se regeneram sozinhos

se o caranguejo perder uma pata
nascerá outra
a estrela-do-mar renasce
do último braço que dela sobra

o cervo
o polvo
a salamandra

nos bichos
tudo retorna

em mim   não

nem nos meninos
que vendem água
e pano de prato
na parada de ônibus

memória é banzo
(   )

bálsamo para um corpo gasto
por tantas guerras
        veladas

leito oceânico
futuração

batente no meio do deserto
onde a velha se escora

bagagem pesada
de atravessar tantas águas

vozes penduradas da mente
cofre cheio de coisas
        não visíveis

eco de um grito que ainda

despacho
é noite de lua na encruzilhada

MEMÓRIA TEM ÁGUAS ESPESSAS

Laroiê Exu. Exu é Mojubá!
Salve Exu, o Senhor das Encruzilhadas,
dos encontros e desencontros,
dos caminhos e descaminhos.
Do tempo e do não tempo
Princípio negativo do Universo.
Exu que está na terra, no fogo, no ar e na água.
O que detém o poder da transformação.

pau de arara balança
deixa confusos os calendários

parece canoa
com vontade de virar

veículo de carga   dizem
capaz de vencer os terrenos mais difíceis

      negreiro
      negreiro
      negreiro

tortura
esta imagem gravada
pelas águas do juízo:

nas varas de madeira
de cabeça para baixo
permanecemos
presos
pendurados:

tem criança chorando fome
matando sede no suor do irmão

velha benzedeira
rasgando cartas

mulher nova
recém-parida
embalando lamento

menino dormindo atravessado

um senhor curvado
de tanto vender pomada
com serventia para tudo

lavadeira
abraçada nos três balaios que tem
para esfregar
       até cair o samboque do dedo

pirralha querendo brincar

duas fofoqueiras de batente
alfinetando esquinas

      um pedinte de beira de pista

a vizinha da vizinha da vizinha
uma professora rouca
gastando saliva com desconhecidas

o moço da bodega
e seu ajudante
empilhados nas mercadorias

homem escarrando

sete menino batendo balde
      grunhido
      latido
      miado

e alguém que ronca
no meio disso tudo

ninguém sabe o que é trouxa
o que é gente
nesse tumulto

tudo que se tem cabe dentro
     de um saco
     de um saco
     de um saco

eu caibo dentro de um saco
o pano esgarçado
que embala as coisas
é a minha pele
     cobrindo o mundo

     no barro macaxeira
     no rio doce cdu
     no metrô das cinco e meia

somos candangos voltando para casa   baldados

sem livros
diploma nem documentos

     entre o óbito e o hábito

o relógio gira ao contrário
a moedeira implora e teme

  chega
  não chega

tempo demora
não se sabe dos sustos que aguardam rijos
de candeeiro em punho
na porta do mocambo

eu quero
e não quero entrar

sinto o gosto do barro
da madeira
do bambu
do cipó

dos barbeiros que ameaçam inchar corações
   ave-maria
soube
meu avô e minha avó morreram disso
com os corações enormes

desse jeito me encho do que falta
talvez eu parta assim
com o coração enorme também
   karmas e chagas

algumas coisas não se curam

que nem os dias de ontem
sem as suas molduras
guardiãs do imperecível

começam a descascar
sem que se perceba
de repente já quase nem existem

parece família

se fecho os olhos
não vejo ninguém

desconheço outras partes
que junto a minha
formam esse mesmo e único
espírito

não sei de suas histórias
não reconheço seus rostos
desconheço seus nomes
nem imagino como levaram a vida
o quanto sofreram

servindo
servindo
servindo

alimentando boca de usina

sobrevivendo

num aquário soterrado
inalando queimadas
promessas

há cinco séculos
entre casa-grande e
           senzala
de senhores
usineiros
latifundiários

que fazem o chão dar planta
por obrigação

e os meus ajoelharem
com a boca cheia de formigas

      a morte é crônica

agro é pop
agro é tech
agro é tudo

na geografia da mata
o verde ergue montanhas

toneladas são arrancadas da terra
por mãos gastas pela tontura
do bucho colado nas costas
dos ancestrais

é impiedosa a moagem
é ferino o doce do caldo

estrela cardíaca

com o tempo
tudo vira pedra

que nem coração
incha
resseca e preso
permanece
no mesmo lugar

pedras
umas sobre as outras
empilhadas
frias

feito os corpos
largados na vala

os doentes
os agonizantes
e os mortos

se irmanam pela cor da pele
ocupam o mesmo metro de espaço

continuam
sendo lançados ao mar

    para equilibrar o peso do navio

onde estão as carcaças dos meus
quais dessas pedras saberão meu nome

a revolta é passada pelo
silêncio:

o invisível   se   move

     sorrateiro
     azougado
     malandro

denuncia seus olhos amolados
que também são os meus

safra após safra
a foice arrancou
o pensamento e sua língua

ceifou nossos mapas
terras e demarcação

engoliu nossos credos
sono e vigília

consumiu a força de nossos mortos
dia após dia

tragou
alma
seio
ventre

a foice infringiu nossa cor
a carne da gente

saqueou nossos túmulos
a serra dos encantados
o som dos tambores
o segredo das maracas
a confidência do sagrado

violou nosso rito
trajeto e destino

mudou
nossos nomes

apagou
endereço

enterrou
a história

devorou
a obediência

nos fizeram despojos de guerra
e encontraram em nossas mãos

suas mortes

o continente se levanta
e se recria

eu sei dos malês
da revolução de Goiana
da junta do Beberibe
da rebelião dos Romas

da chacina de trucunhaém
das mulheres de tejucupapo

minha alma Palmares
meu sangue Catucá
sonhou quariterê

carrego nos dentes
a revolta do engenho santana
a revolta dos búzios
a revolta das carrancas

nenhuma guerra será justa
nenhuma guerra será santa

eu também sou a revolução pernambucana
jamais vencida
e o desejo de libertação
        ateando fogo
        nessas turbinas

sinto
peso do ferro nas mãos
embora vazias

ouço
desejo de vingança
daqueles que calam

lavro
sobras dispersas
de antigas revoltas

vejo
ruína dos que ostentam
ordens e fivelas

caço
cerco
tomo

pego de volta
o que sempre foi meu

quem fez tremer
os sólidos alicerces da casa-grande

quem derrubou as portas
das senzalas das fazendas

quem remendou a vida
acorrentado aos seus pares

quem levantou facões e garruchas
em nome de nossa liberdade

morrer sim
entregar nunca

são os Malungos desordeiros
que conhecem a passagem
o portão de ouro

cerca cerca
malunguinho

pela liberdade
pela terra
pelo sonho do nosso povo

tira o estrepe
do caminho

abre os cativeiros
destranca as correntes
e as encruzilhadas

cerca cerca
malunguinho

guardião da chave
rei da Jurema sagrada

tira o estrepe
do caminho

mestre caboclo mensageiro

sopra o fumo de rolo
acaba com o negreiro

Sobô Nirê
Reis Malunguinho

Sobô Nirê Mafá
Malunguinho Sobô

o sol quando desmancha
parece fogo das queimadas
se espalhando no céu   vermelho

fogo   os zóio chegam derreter
fogo   os zóio chegam derramar
fogo   os zóio chegam a nem ver

vista embaça
brisa pede
calma

meu corpo
poeira e fumaça

juízo escorado na janela
poderia ser trégua
mas é fadiga

também sou gente de carga
de baixo preço
de sola rasteira
de alma gasta

eu não durmo
as casas de pau a pique
nunca dormem
nesta vida de taipa

não há cedo nem tarde

há muito os olhos ardem
sem arrego

o pescoço até enverga
mas não solta a navalha

o sonho foi lanhado
mas não nos foi tirada a força

as nossas cabeças   sempre
descansaram nas pedras

matéria
mineral
sólida

dura é a natureza das rochas
e de seus ensinamentos

minhas precipitações foram construídas   por pedras
minhas medidas foram pesadas   por pedras
meus rins   sacos de pedra

pedra
pedra
pedra

é o meu caminho
que te atravessa

seguro minha cabeça
como quem acolhe um bicho
na hora de sua morte

não sofro
sou oferenda

vejo como fosse mainha
contando nos dedos
tentando dizer dos parentes

da tia que diziam louca
anunciada

por causa de sua pomba-gira
tomava porre de aguardente de cavalo
para aguentar o banzo
depois do corte de cana

     bamba bamboleava
     com bambambãs e batucadas
     bamba se balançava
     de barraca em barraca
     buscando bugiganga
     em butique barata

     e na gira girava
     e na gira girava

minã
bibiu
babá

biu veloso
o mais divertido

tia luiza
morreu cedo
acharam ela caída no terreiro
morava na chã

eram léguas de uma para outra
em cotunguba

enquanto anunciada
na gira girava

casa de barro
sem reboco

banheiro era fora
coberto com palha de coco

fossa de manilha
barro   era tudo barro

buscava-se água nas cacimbas   longe
carregando lata d'água para encher tonel

  só bota a rodilha na cabeça
  quem pode com o peso da bacia

e anunciada
na gira girava
na gira girava

criava vaca galinha de capoeira cabra
o arroz era ruim
parecia papa

o macarrão era escuro
gostava de comer jaca
subir no pé de manga
e tudo quanto era mato

colchão era de capim
macio e espinhoso
       feito colo de mãe

no festão do primeiro casamento
da filha de tia bibiu
o povo tudo dentro dos caminhão
de carregar cana indo para a igreja
a festa começava no dia anterior
saía de manhã para casa e voltava depois
para continuar o forró

eita anunciada
que na gira girava
na gira girava

comprava barra de gelo e pó de serra
para gelar cerveja

pés que batiam
corpos dançavam
       negramente
       caboclamente
       cosmicamente

ascendentes da terra em seu trupé
catimbó no meio da mata

magia negra
jurema sagrada

enquanto a gira girava
anunciada morta
no terreiro da casa

antes disso
era uma semana batendo barro
depois passava a máquina de arado
para construir o palhoção

danda tocava sanfona
e as mulheres ficavam na casa de farinha
        torrando
enquanto os caba lá fora tocava

tia bibiu dizia
lá vem o preto com aquela loura dos olho azul

tia minã era altona
gostava de saia rodada
pano brilhoso
amarelo
rosa
roxo
        muito brilho

alzira
gostava de pérola
linho

foi vendida para italianos

nininha
odete
antônio

e os meninos tudo acabado
de cortar cana

ê Pavão dourado

acabou-se tudo
até a gira que outrora girava
nem anunciada
nem nada

uma tonelada de cana
vale 25 reais
e continua custando
a vida

sei que me chamam
sinto para onde

MEMÓRIA TEM ÁGUAS ESPESSAS

os nossos tambores têm força e poder
balançam a terra como os trovões
reúnem as almas e seus guardiões
chamando a mestra do orun pra descer
filha de iansã sempre irá renascer
trazendo a justiça para o seu reinado
meu corpo pra luta foi designado
com honra e respeito grito saravá
quem bate o tambor para o seu orixá
carrega no peito seu canto sagrado

o gosto de barro fica mais forte
como se pegasse pela mão
me leva para casa

não sei em que chã fica o barra
contem quantas léguas andarei
para esticar as costas dessa linhagem

na esteira
no colchão de capim
ou no colo de mãe

brilhos
  barulhos de chocalhos
fitas coloridas
  perfumes
    sinos
 fumaça

tem uma guerreira no meio do canavial
tem uma guerreira no meio do canavial
tem uma guerreira

de pele azul
da cor da noite
de trança branca

  negra
  índia
  negra

com os olhos livres
como duas estrelas

mineiro tarol bombo porca gonguês
o baque se soltou

tumtumcumtumtumcumtum
tumcumtumtumcumtumtum
cumtumtumcumtumtum

tum
tum
tum

à luz do sete-estrelo
ela saiu antes do apito soar

tumtumcumtumtumcumtum
tumcumtumtumcumtumtum
cumtumtumcumtumtum

tum
tum
tum

tem uma guerreira no meio do canavial
tem uma guerreira no meio do canavial
tem uma guerreira

a pele pede banho
banho bem tomado
para escorrer o caldo
desse suor preguento

lavar a boca
tirar do couro o pavio e a lamparina
sair desse desasseio

espremer bem espremido
o sumo do juízo

virar água
eu sou água

meu manto é de água
meu canto é de água
meu santo é de água

oyágua
e água seca

é força
purificação
renascimento
sai lavando os corredores da alma

       nutre e afoga
       que nem açude

parecem mansos seus mistérios
seu fundo guarda muitos corpos
pesados
       de água
eparrey

que devasta
faz engolir e desaparecer

como os rostos das fotografias
água é família

barrenta
e seca mesmo

revela seus entulhos

passa rápido
não para o seu caminho
de repente a gente acorda

Saluba nanã
é vida e morte
onde tudo se deita

tumtumcumtumtumcumtum
tumcumtumtumcumtumtum
cumtumtumcumtumtum

tum
tum
tum

tem uma guerreira no meio do canavial
tem uma guerreira no meio do canavial
tem uma guerreira

é preciso fechar o corpo
dar a bênção às lanças
e aos cravos
            escudos de meu espírito

cachaça
pólvora
azeite

arruda e alfazema
arruda e alfazema
arruda e alfazema

sal grosso

a alma alagada escoa
é tempo de cheia
banho de levante

a peneira é fina
e o passado pesa
capaz de arriar os ombros

por isso estou indo
como quem vem

por isso estou vindo
como quem volta

memória
água enterrada na gente
imenso contido

tem uma guerreira no meio do canavial
tem uma guerreira no meio do canavial
tem uma guerreira

o ilú bate no peito
semente de chover
flor e casco de jurema
na pele da áurea
        maré baixa
        maré cheia

oscilando na ribeira da mente

Malunguinho tá de ronda
Malunguinho tá na porta

chapéu de palha
preaca   facão

Malunguinho tá de ronda
Malunguinho tá na porta

  bodoque
    ajucá

estrela de sete pontas
correndo as sete encruzilhadas

anúncio de insurreição

estou quase pegando na voz dos passarinhos
eu vim ver o aguaceiro secar

parece

é na vazante que os pescadores
conhecem o chão

levantam o lençol
enfiam estacas em sua derme

enxergam profundanças
encontram nos escombros
pérolas e lixo

leem nas conchas
o que fica por debaixo

algumas pegadas não se apagam

eu escavo o assoalho oceânico
como fosse
    parente de aguadeiro

piso e afundo no chão
meu corpo que se sabe lama

carrego sob as unhas
o lodo de meus antepassados

também salgaram minha cabeça
antes do corte
    em praça pública

família não estanca
nem de tudo se cura

meu pai chorou
sem ter lembrança
do abraço da mãe

e me abandonou

o pai do vizinho se pendurou pelo pescoço
no guarda-roupa
o vizinho colocou uma arma na boca do filho
o filho matou a irmã
a irmã deixou duas crianças órfãs
as crianças
█████████████████████████
█

o amor também nos foi roubado

deve ser difícil
assistir ao filho amargar

sentir culpa
por tê-lo trazido ao mundo

ver os braços ficarem
curtos e fracos

sem querer pegá-lo mais no colo

e por isso deixá-lo
erguer-se sozinho

feito passado
o filho pesa

deve ser difícil
assistir ao pai e a mãe
                              definhando
e consciente
não querer fazer nada

sem conseguir vencer
                   o abandono
                   a mágoa

engolir suas mortes
e seguir o resto da vida
arrastando   arrependimento

              pelo que não disse
              pelo que não fez
              pelo abraço não dado no solo
              das últimas horas

              feito passado
              o pai e a mãe pesam

porque o perdão é pesado

não dita a palavra
ninguém perdoa

não dita a palavra
ninguém é perdoado

queima
queima
queima

não tem cura

família
arame farpado

acolhe e expulsa
em proporções desiguais

mais desabriga
fere e rejeita

um amor que não se sabe
amável

não se aceita

família
coração inflamável

quem já se deitou num colo escavado
conhece o eco que faz uma dor

é como se fosse trovão
numa noite vazia

o amor
essa escassez

ensinou a suportar o açoite
feito quem merenda
um prato de espinhos
sem derramar uma lágrima

acostumado à carnificina
o amor não diz

rumina o silêncio
que não cabe na trincheira
de uma palavra

o amor quando descoberto
oferece perigo

que forma genética o amor tomaria
além da ausência e sua raiva

o verbo
o verbo
o verbo

e seu abandono à espreita

o amor nos destroçou
e saiu por aí distraído

amarrando o laço ao tronco
e com a mesma mão
dando o preço ao corpo
pra ser vendido

o que não se recebe
não se tem
não se oferece

vira karma
vira castigo

o amor é nossa prece
e sem ele nenhum espírito
cumprirá o seu destino

desabrigados
aprendemos a não ter
e a não querer a mais

a fugir e nos esconder
carregar as dores na cara

a não sermos tratados
e a ficar no mesmo lugar
em que fomos postos
    uns contra os outros

não há podium
não há podium
não há podium

       é tudo baia

tiraram o pão do caminho
serviram chumbo e chacina
em cacimba de água rasa

de onde se ouve o eco da voz
do cristo preto
crucificado

entregaram nossas cabeças
aos que queriam estacá-las
em fileiras   para castigo

fomos os que não vencem
cativos de abatedouro

desligaram nosso coração
com essas correntes

é preciso repontar
não somos os filhos legítimos do sofrimento

estamos pisando em ossos avelhantados
recolhendo os segredos das coisas úmidas
ajuntando rebanhos de água
para uma nova travessia

de volta
ao primeiro útero

herdei muita raiva

o bumerangue de sua lâmina
o risco sem volta do corte
que faz a chibata

herdei muita raiva

por isso não durmo
não baixo a cabeça

não procuro por paz

e tenho fé na revolta
tenho fé na revolta
tenho fé na revolta

armada

palavra
fogo rompendo o silêncio
do peito da mata

MEMÓRIA TEM ÁGUAS ESPESSAS

eu sou a foice
o ferro e o passado dessas águas

minha sina
minha zona
minha mata

tua face devastada
é cinza e resto de palha
do que foi safra   de cana

ó praí
era tudo cana

a terra chora   ferida
como feridos
fomos

a terra chora   queimada
como queimados
fomos

a terra chora   esquecida
como esquecidos
fomos

e se recupera sozinha
como sozinhos
nos   recuperamos

apanhei
por ser preta
cabocla
apanhei
por ser preta
cabocla
apanhei
por ser preta
cabocla
apanhei
por ser preta
cabocla
apanhei
por ser preta
cabocla
apanhei
por ser preta
cabocla
apanhei
por ser preta
cabocla
apanhei
por ser preta
cabocla
apanhei

apanhei
apanhei
apanhei

por não ser branca

não aponte
minha cor

não ria
do meu cabelo

não me chame
de mulata

                não sou parda
        bronzeada
        exótica
           mestiça morena escura
                nem morena
                clara

de trança
black dread
lisa // cacheada
sou senhora
    do meu corpo

abre-alas

trago na pele
cana caiana
a beleza de meus   ancestrais

trago no peito a voz da memória
do canto dos   canaviais

trago no orí
a nossa versão da história

que nunca foi   contada

deixei de ir à praia
brincar na rua
usei mangas longas
para esconder os braços do sol

meu cabelo não tinha gravidade
era crespo
          se agarrava nas coisas

alisei

não era bonita
não cabia numa cadeira
não era branca

: ninguém me avisou que apanharia por isso
: ninguém me avisou que não seria amada por isso

morri várias vezes
várias vezes sonhei ser mulata
mulher fruta
dessas que ao menos é desejada
atrair olhar de homem branco
que não me xingasse

não me batesse
a mão na cara

tinha gente que dizia

eita que essa menina deu sorte
vai sair da senzala

nasceu com nariz afilado
e nem é tão escurinha assim
vai clarear quando crescer
é só ter paciência
      que vai ser parda

parda poderia ser
musa de poeta
poderia ter
voz / lugar na mesa da sala

parda poderia ser
parda

nada mudou

gorda menina parda e pobre
continuei apanhando
até me aceitar

com calma de mulher velha
tento chegar a outra margem
com a força dos que cruzaram
o atlântico

as contas negras do rosário não aguentam mais

MEMÓRIA TEM ÁGUAS ESPESSAS

a militante toma banho de barrela
paga à amiga negra para fazer faxina
diz que suas conquistas foram por mérito
e que provavelmente

       é filha de Xangô

dorme e acorda pra lutar:

tira a roupa
pinta o corpo
e desfila na marcha das vadias

mudar a ordem
girar ao contrário

deixar o que não é meu dessa memória
deixar o que não é meu
deixar o que não é
deixar o que
deixar

caminhar para frente e olhar para trás
colher nas vias das que antecederam o ventre

do ventre
do ventre
do ventre
do ventre

sequestrado
de minha mãe

pau de arara freia
o tempo   balança na cabeça
sou a embarcação
minhas próprias águas

juízo se afunda e não se afoga
tumulto recolhe suas trouxas
          se guarda

terra firme assusta
chegar assusta
não ver assusta

como não ter um nome

o chiado do vento fica diferente
nesse mar   de cana

embaixo de meus pés
os ossos sabem
cheguei

a rua afônica de fumaça
tem a boca banguela

da beira para dentro
da beira para dentro
da beira para dentro

o lençol verde se espalha

da beira para dentro
da beira para dentro
da beira para dentro

o chão de açúcar
empola a pele da mata

estou indo minha mestra
estou indo minha mestra
estou indo

chega o tempo em que se anda
e não se questiona

do cansaço dos pés da ânsia
dos calos dos ombros
do medo dos olhos
do branco
da espera do álibi
do poder da âncora
das grades dos troncos
da febre que

não passa
não passa
não passa

do sino das igrejas
das badaladas
do sinal-da-cruz
da guilhotina afiada

se é mar rio ou mangue
canavial beira de estrada

das perdas da força dos músculos
do escuro do suplício
dos livres dos libertos

se negros se pretos se pardos
se negros se pretos se pardos
se negros se pretos se pardos

dos continentes que se partiram
do país descoberto
da palavra do livro se é sagrado
da intuição do sopro
do elo do eco
da fé
do espasmo

chega o tempo em que a gente
nem

entre móveis de jacarandá
e molduras de ouro

Tudo que corre grita trabalha
tudo que transporta
e carrega   é negro

Tudo que corre   grita
trabalha tudo que transporta
e carrega

            é negro

Tudo que   corre grita
trabalha tudo que   transporta e carrega

é negro
é negro
é negro

a vida é essa
a vida do cortador de cana
é sempre essa

não tem um pra falar onde é melhor

levantar de madrugada
sair pra roça
é soco de caminhão
é chuva
é sol
é água quente

tem dia que   é só sede

a vida não é boa não
não tem outro meio
só esse caminho

hoje sou eu
que me atiro da pedreira

trabalho difícil
não deixa sonhar não

é fome de destino
é fome de destino
é fome

tem tantos prazeres na vida
e a gente não pode alcançar
    nenhum

sem pai nem mãe
fui descriada
como se fosse de rua
só que trabalhando

comecei nas vages   no canavial
apanhando capim
pra dar de comer aos gados

depois   com doze anos
já tava cortando cana
pra me manter

comprar roupa sapato bicicleta relógio
era meu sonho comprar as coisas

aprendi levando carão, parêa
a costurar meus remendos

o violino rouco tocou
e eu cambiteira
peguei brincar na festa de reis

nem matheus nem bastião

a luta é seletiva
o drama é de porcelana
o sangramento é cerebral

sou eu quem faço das sandálias travesseiro
e amanheço com o sol na cara

a casa está vazia
como vazia é a esperança
e o rasgo nas costas
    que não cicatriza

as profundezas
desse buraco

cavo
cavo
cavo

a mão se afunda
na terra

a mão se afunda
nos mares de cana

a mão se afunda
no barro

em que chão caíram
desfalecidos
em suor e

cansaço
cansaço
cansaço

os corpos dos meus
cana caiana

onde maracatus cruzam as bandeiras
os altos colmos escondem

seco de vida
o meu passado

são tantos

pedaços
pedaços
pedaços

quantas mortes
no meu corpo
sinto

quantas mortes
no meu corpo
carrego

quantas mortes
no meu corpo
arrasto

como medir as pedras
penduradas
nesse cansaço

no tecido ósseo da terra

eu me encontro   e te liberto
eu te encontro   e me liberto

me desintegro minha mãe
eu me desfaço

oxum doura minhas mãos
o vento muda os ossos de lugar
       tempo fechado me abre

eu me encontro   e te liberto
eu te encontro   e me liberto

me reintegro minha mãe
eu me refaço

na cardiografia das eras
eu planto a mesma semente
e firmo ponto

nesse útero geográfico

pela terra dos antepassados
guardada   debaixo das unhas
não tem banho demorado que tire

é de família

eu voltei e dou mais um passo

Impresso em maio de 2024
para a editora Diadorim
Fontes:
Garamond
Franklin Gothic